Impressum
Verlag: BABADADA GmbH, Nedderfeld 112 , 22529 Hamburg
Geschäftsführer / Verlagsleitung: Harald Hof
Druck: Books on Demand GmbH, In de Tarpen 42, 22848 Norderstedt

Imprint
Publisher: BABADADA GmbH, Nedderfeld 112 , 22529 Hamburg, Germany
Managing Director / Publishing direction: Harald Hof
Print: Books on Demand GmbH, In de Tarpen 42, 22848 Norderstedt

學校

мактаб

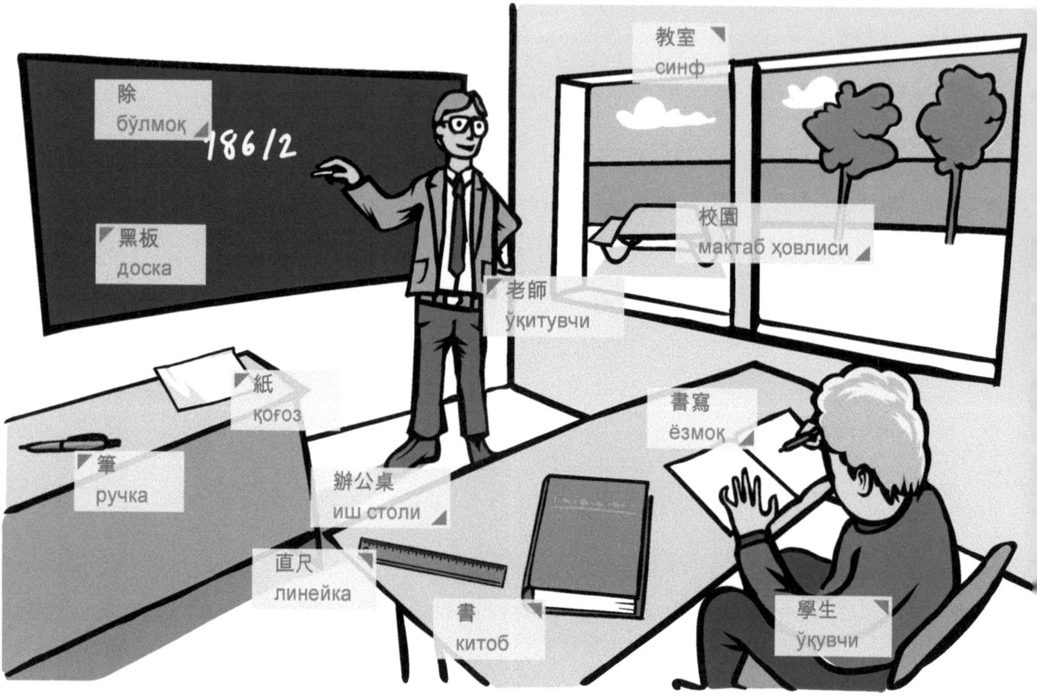

教室
синф
除
бўлмоқ
186/2
黑板
доска
校園
мактаб ҳовлиси
老師
ўқитувчи
紙
қоғоз
書寫
ёзмоқ
筆
ручка
辦公桌
иш столи
直尺
линейка
書
китоб
學生
ўқувчи

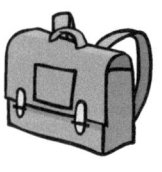

書包

осма сумка

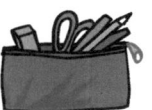

鉛筆盒

қаламдон

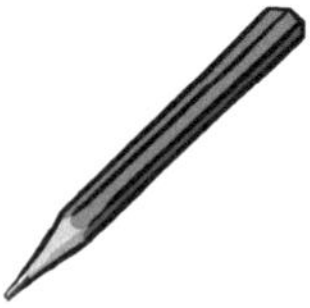

鉛筆

қалам

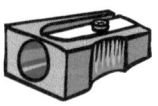

削鉛筆機

қалам учлагич

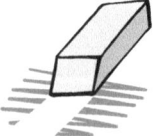

橡皮擦

ўчиргич

畫板

расм албоми

圖畫

чизмачилик

畫筆

бўёқ чўтка

顔料盒

бўёқдон

剪刀

қайчи

膠水

елим

練習冊

машғулот дафтари

家庭作業

уй иши

12

數字

рақам

2+2

加

қўшмоқ

5-2

減

айирмоқ

2×2

乘

кўпайтирмоқ

計算

ҳисобламоқ

A

字母

хат

ABCDEFG
HIJKLMN
OPQRSTU
VWXYZ

字母表

алифбо

hello

字

сўз

課文

матн

讀

ўқимоқ

粉筆

бўр

上課

дарс

登記

журнал

考試

имтиҳон

證書

гувоҳнома

校服

мактаб формаси

教育

таълим

百科全書

қомус

大學

олийгоҳ

顯微鏡

микроскоп

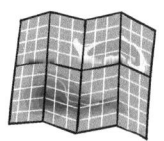

地圖

харита

廢紙簍

урна

旅行

саёҳат

飯店
меҳмонхона
Grand
青年旅社
сайёҳлар ётоқхонаси
外幣兌換處
пул айирбошлаш шаҳобчаси
手提箱
чемодан
汽車
машина

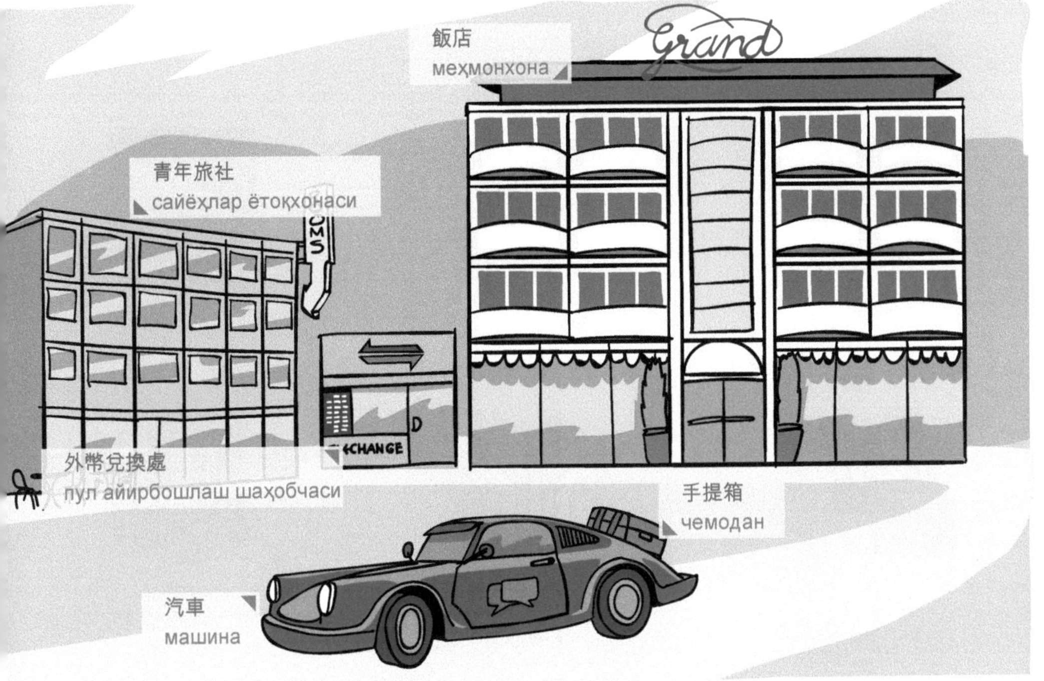

語言

тил

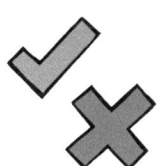

是/否

ҳа / йўқ

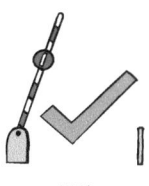

好的

Хўп

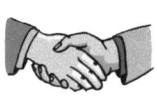

您好

салом

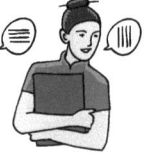

翻譯人員

таржимон

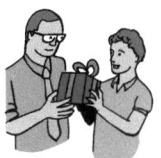

謝謝

Раҳмат

.....多少錢？

неча пул...?

我不明白

Тушунмадим

問題

муаммо

晚上好！

Хайрли кеч!

早上好！

Хайрли тонг!

晚安！

Хайрли тун!

再見

кўришгунча

方向

йўналиш

行李

йўловчи юки

包

сафархалта

背包

юк халта

客人

меҳмон

房間

хона

睡袋

уйқуқоп

帳篷

чодир

旅行資訊

саёҳларга маълумот бериш столи

海灘

пляж

信用卡

омонат карта

早餐

нонушта

午餐

нонушта

晚餐

кечки овқат

票

чипта

電梯

лифт

郵票

марка

邊界

чегара

海關

божхона

大使館

элчихона

簽證

виза

護照

паспорт

交通運送

транспорт

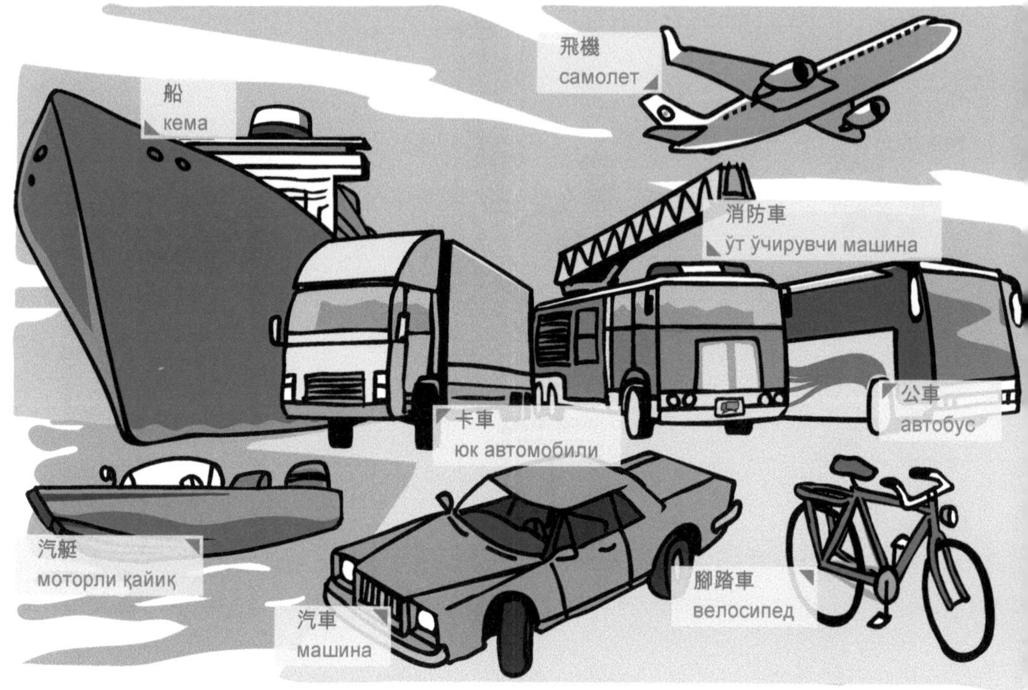
飛機
самолет
船
кема
消防車
ўт ўчирувчи машина
卡車
юк автомобили
公車
автобус
汽艇
моторли қайиқ
腳踏車
велосипед
汽車
машина

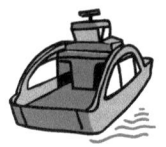

渡輪

солсимон ясси кема

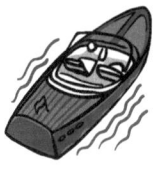

小船

қайиқ

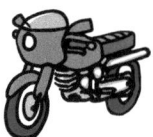

機車

мотоцикл

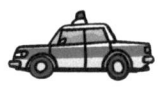

警車

посбон машинаси

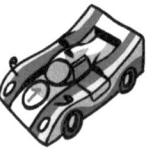

賽車

пойга машинаси

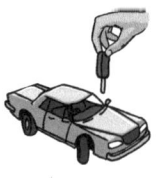

租車

ижарага олинган автоулов

拼車

автоижара

拖車

шатакка олувчи юк
автомобили

垃圾車

ахлат машинаси

馬達

мотор

汽油

ёқилғи

加油站

ёқилғи қуйиш шаҳобчаси

交通標識

йўл белгиси

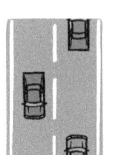

交通

йўл ҳаракати

交通堵塞

тирбанд

停車場

автомобил тўхтаб туриш
жойи

火車站

поезд бекати

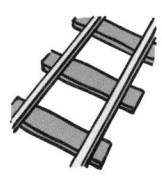

軌道

рельс

火車

поезд

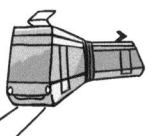

路面電車

трамвай

客車廂

вагон

交通運送 - транспорт

直升機

вертолёт

機場

аэропорт

塔

минора

乘客

йўловчи

集裝箱

контейнер

紙板箱

қоғоз қути

手推車

аравача

籃子

сават

起飛/降落

учмоқ / қўнмоқ

城市

шаҳар

村莊

қишлоқ

市中心

шаҳар маркази

房子

уй

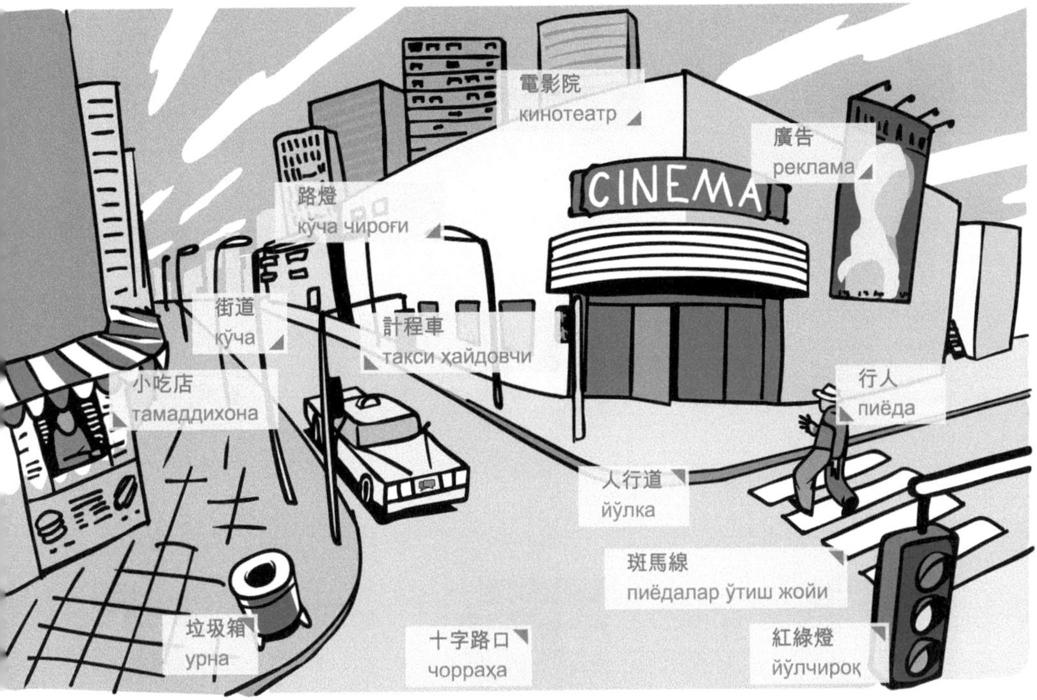
電影院
кинотеатр
CINEMA
廣告
реклама
路燈
кўча чироғи
街道
кўча
計程車
такси ҳайдовчи
小吃店
тамаддихона
行人
пиёда
人行道
йўлка
斑馬線
пиёдалар ўтиш жойи
垃圾箱
урна
十字路口
чорраҳа
紅綠燈
йўлчироқ

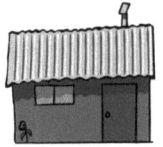

小屋

кулба

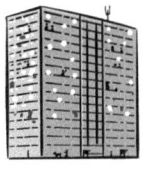

公寓

квартира

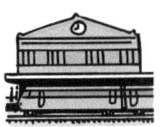

火車站

поезд бекати

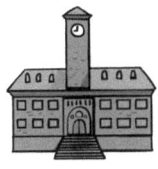

市政廳

маҳаллий ҳокимият биноси

MUSEUM

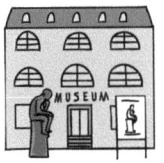

博物館

музей

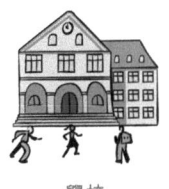

學校

мактаб

大學

олийгоҳ

銀行

банк

醫院

шифохона

飯店

меҳмонхона

藥房

дорихона

辦公室

идора

書店

китоб дўкони

商店

дўкон

花店

гул дўкони

超市

супермаркет

市場

бозор

百貨商店

универмаг

魚店

балиқ дўкони

購物中心

савдо маркази

海港

бандаргоҳ

公園

истироҳат боғи

長凳

банк

橋

кўприк

樓梯

зинапоя

捷運

метро

隧道

ер ости йўли

公車站

автобус бекати

酒吧

бар

餐館

ресторан

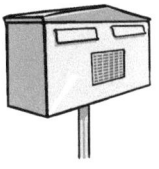

郵筒

почта қутиси

路標

кўча ёзув осма тахтаси

停車計時器

тўхтаб туриш вақтини ҳисоблагич

動物園

ҳайвонот боғи

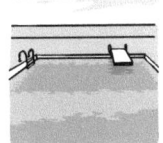

游泳池

бассейн

清真寺

масжид

農場

чорвачилик хўжалиги

污染

атроф-муҳит
ифлосланиши

墓地

қабристон

教堂

ибодатхона

操場

болалар ўйингоҳи

寺廟

эҳром

地形

манзара

樹葉
япроқ

指示牌
йўлкўрсатгич

路
йўл

草地
ўтлоқ

石頭
тош

樹
дарахт

徒步旅行者
пиёда сайёҳ

河
дарё

草
майса

花
гул

峽谷

водий

丘陵

қир

湖

кўл

森林

ўрмон

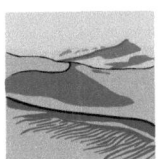

沙漠

чўл

火山

вулкан

城堡

қалъа

彩虹

камалак

蘑菇

кўзиқорин

棕櫚樹

пальма дарахти

蚊子

пашша

蒼蠅

чивин

螞蟻

чумоли

蜜蜂

асалари

蜘蛛

ўргимчак

甲蟲

қўнғиз

青蛙

қурбақа

松鼠

олмахон

刺蝟

типратикон

野兔

қуён

貓頭鷹

укки

鳥

қуш

天鵝

оққуш

野豬

эркак чўчқа

鹿

буғу

麋鹿

бутоқ шоҳли кийик

水壩

тўғон

風力發電機

шамол генератори

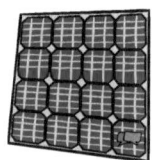

太陽能電池板

қуёш батареяси

氣候

иқлим

餐館

ресторан

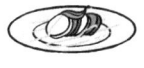

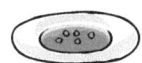

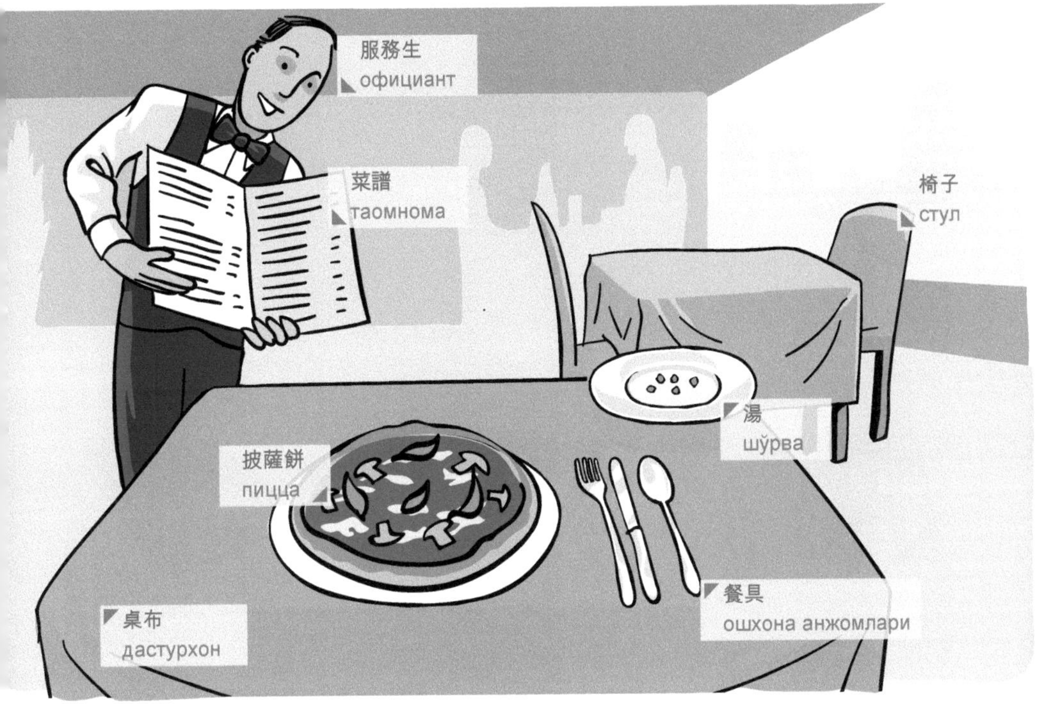
服務生
официант
菜譜
таомнома
椅子
стул
湯
шўрва
披薩餅
пицца
餐具
ошхона анжомлари
桌布
дастурхон

前菜

газак

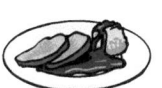

主菜

асосий таом

甜點

десерт

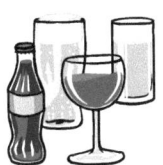

飲料

ичимликлар

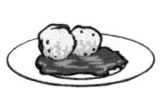

食物

таом

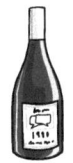

瓶子

бутилка

速食

тез пишар таом

街邊小吃

кўча таоми

茶壺

чойнак

糖盒

шакардон

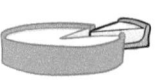

一份飯菜

порция

義式咖啡機

эспрессо кофе машинаси

高腳椅

болалар курсичаси

帳單

ҳисоб

托盤

лаган

刀

пичоқ

餐叉

санчқи

勺子

қошиқ

茶匙

чой қошиқ

餐巾

кўл сочиқ

玻璃杯

стакан

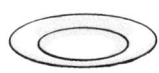

碟子
ликоп

湯盤
шўрва коса

碟子
тақсимча

醬
қайла

鹽瓶
туздон

胡椒研磨罐
қалампир янчгич

醋
сирка

食用油
ёғ

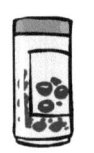

調味料
зираворлар

番茄醬
кетчуп

芥末
хантал

美乃滋
майонез

超市

супермаркет

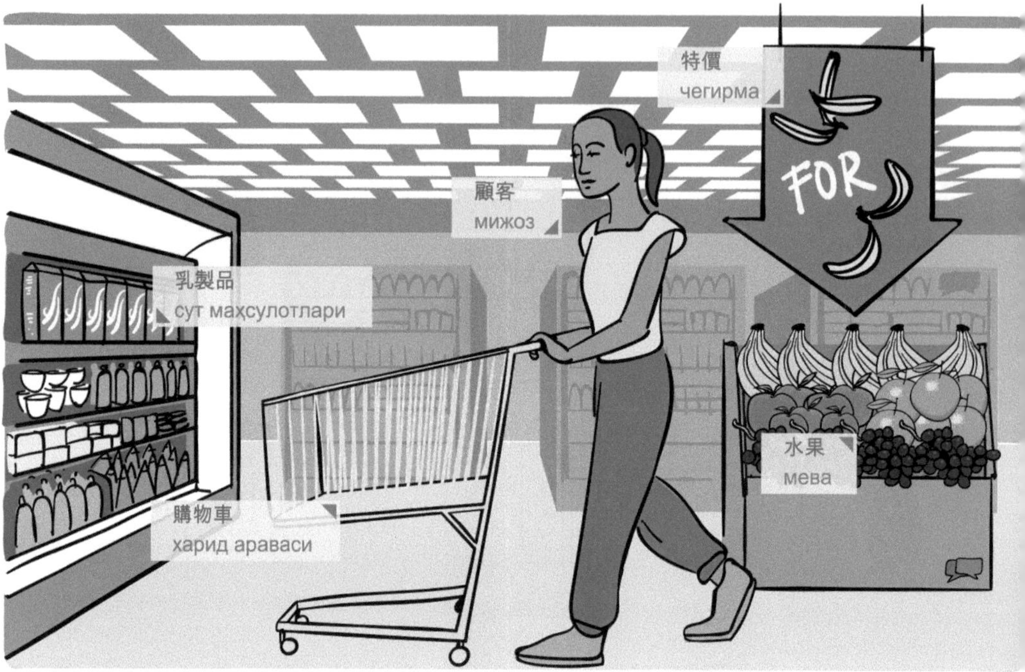

特價
чегирма
FOR
顧客
мижоз
乳製品
сут маҳсулотлари
水果
мева
購物車
харид араваси

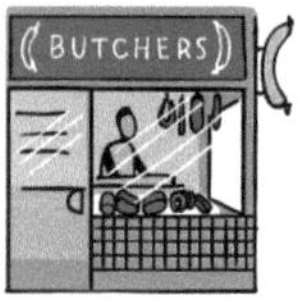

BUTCHERS

肉鋪

қассобхона

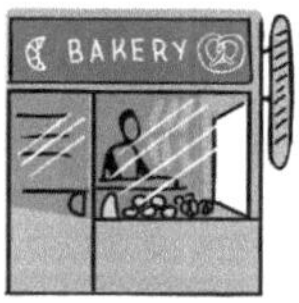

BAKERY

麵包店

нонвойхона

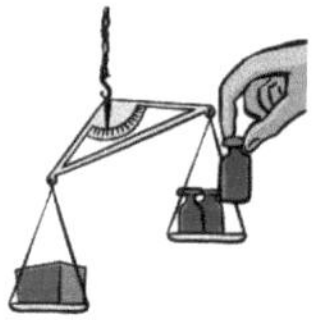

稱重

тарозида ўлчамоқ

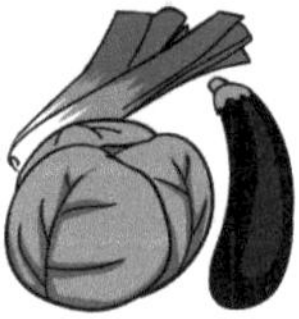

蔬菜

сабзавот

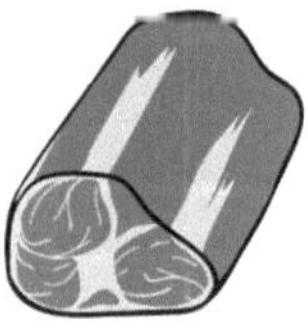

肉

гўшт

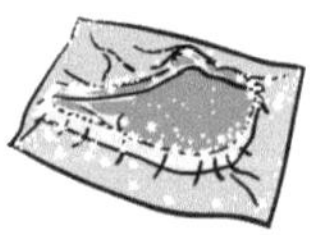

冷凍食品

музлатилган таомлар

冷盤

яхна гўшт

罐頭食品

консерва

洗衣粉

кир ювиш воситаси

甜食

ширинликлар

日用品

кундалик истеъмол
моллар

清潔用品

ювиш воситалари

銷售員

сотувчи

收銀機

касса аппарати

收銀員

ғазначи

購物清單

харид рўйхати

開放時間

иш вақти

錢包

ҳамён

信用卡

омонат карта

袋子

халта

塑膠袋

целлофан халта

超市 - супермаркет

水

сув

果汁

шарбат

牛奶

сут

可樂

кока-кола

紅酒

вино

啤酒

пиво

酒

спиртли ичимлик

可可

какао

茶

чой

咖啡

кофе

義式濃縮咖啡

эспрессо

卡布奇諾

капучино

香蕉

банан

蘋果

олмахон

柳丁

апельсин

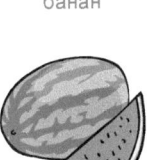

西瓜

қовун

檸檬

лимон

胡蘿蔔

сабзи

大蒜

саримсоқ

竹子

бамбук

洋蔥

пиёз

蘑菇

қўзиқорин

堅果

ёнғоқ

麵條

лағмон

義大利麵

спагетти

米飯

гуруч

沙拉

салат

薯條

картошка-фри

炸馬鈴薯

қовурилган картошка

披薩餅

пицца

漢堡

гамбургер

三明治

сэндвич

炸豬排

тўқмоқланган тўш қиймаси

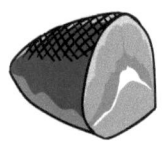

火腿

дудланган чўчқа гўшти

義大利臘腸

салями колбасаси

香腸

сосиска

雞肉

товуқ гўшти

烤肉

қовурилган

魚

балиқ

燕麥片

сули бӯтқаси

木斯里

мюсли

玉米片

маккажӯхори ёрмаси

麵粉

ун

牛角麵包

француз булочкаси

麵包捲

булочка

麵包

нон

吐司

қизартирилган нон бӯлаги

餅乾

пишириқ

奶油

сариёғ

凝乳

творог

蛋糕

пирог

蛋

тухум

煎蛋

қовурилган тухум

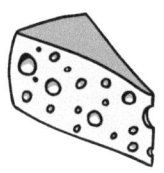

起司

пишлоқ

冰淇淋
………………
музқаймоқ

糖
………………
шакар

蜂蜜
………………
асал

果醬
………………
мураббо

巧克力醬
………………
шоколад пастаси

咖哩
………………
зарчава

食物 - таом

農場

чорвачилик хўжалиги

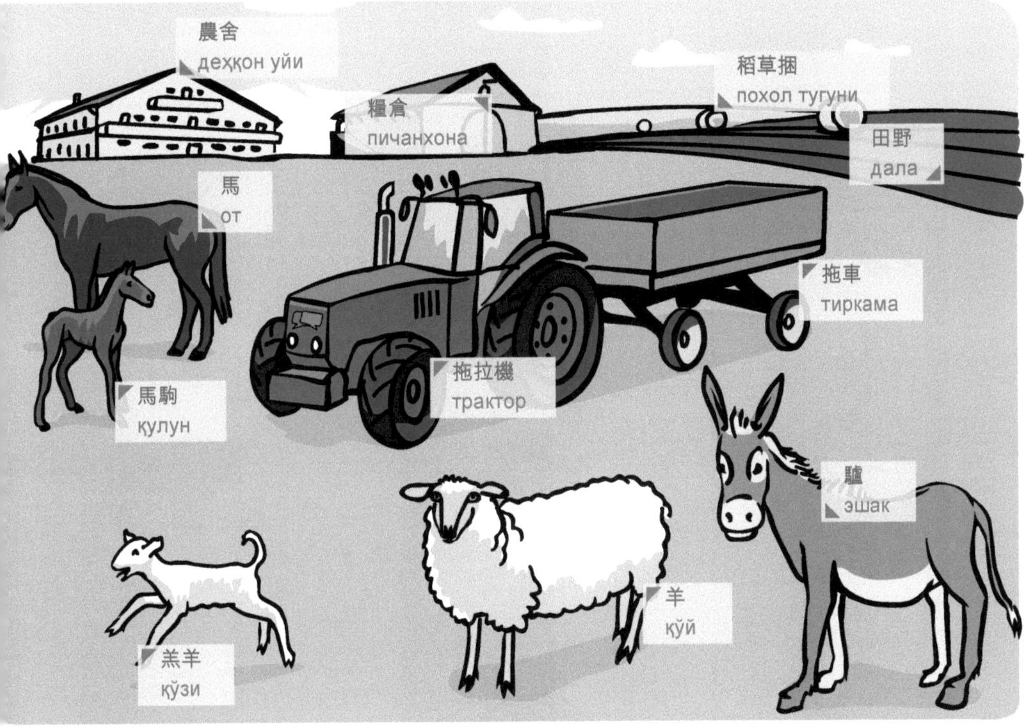

農舍
деҳқон уйи
稻草捆
похол тугуни
糧倉
пичанхона
田野
дала
馬
от
拖車
тиркама
拖拉機
трактор
馬駒
қулун
驢
эшак
羊
қўй
羔羊
қўзи

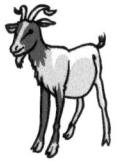

山羊

эчки

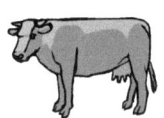

奶牛

сигир

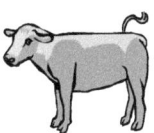

小牛

бузоқ

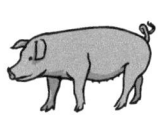

豬

чўчқа

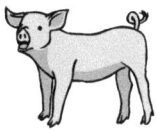

小豬

чўчқа боласи

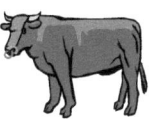

公牛

буқа

鵝

ғоз

鴨

ўрдак

小雞

жўжа

母雞

товуқ

公雞

хўроз

鼠

каламуш

貓

мушук

老鼠

сичқон

牛

ҳўкиз

狗

ит

狗屋

каталак

花園澆水軟管

ҳовли боғ шланги

澆水壺

гулчелак

長柄大鐮刀

белўроқ

犁

темир омоч

鐮刀

қўлўроқ

鋤頭

чопқи

長柄草耙

паншаха

斧頭

болта

獨輪手推車

ғалтакарава

飼料槽

охур

牛奶罐

сут бидони

麻布袋

тўрва

柵欄

панжара

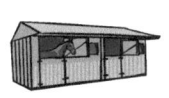

馬廄

оғилхона

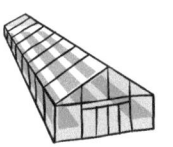

溫室

иссиқхона

土壤

тупроқ

種子

уруғ

肥料

ўғит

聯合收割機

комбайн

收割

ҳосил олмоқ

收割

йиғим-терим

地瓜

ямс

小麥

буғдой

大豆

соя

土豆

картошка

玉米

маккажўхори

油菜籽

рапс уруғи

果樹

мевали дарахт

樹薯

маниок

穀物

ёрма

房子
уй

煙囪
мўри

屋頂
том

落水管
тарнов

窗戶
дераза

車庫
гараж

門鈴
эшик қўнғироғи

門
эшик

垃圾桶
урна

信箱
хатлар учун кути

花園
боғ

客廳

меҳмонхона

浴室

ваннахона

廚房

ошхона

臥室

ётоқхона

兒童房

болалар хонаси

餐廳

ошхона

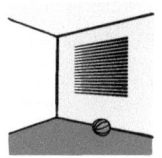

地板

пол

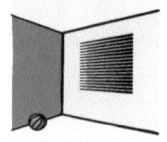

牆壁

девор

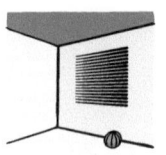

天花板

шип

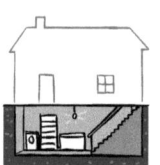

地窖

подвал

三溫暖

сауна

陽臺

болохона айвони

露臺

айвон

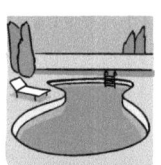

游泳池

бассейн

割草機

ўт ўргич машина

被單

кўрпажилд

床罩

чойшаб

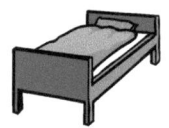

床

кроват

掃帚

супурги

水桶

пақир

開關

мурват

客廳

меҳмонхона

壁紙
гулқоғоз
相片
сурат
檯燈
чироқ
擱架
токча
櫥櫃
жавон
電視
телевизор
壁爐
ўчоқ
花
гул
墊子
ёстиқ
沙發
диван
花瓶
гулдон
遙控器
масофадан бошқариш пульти

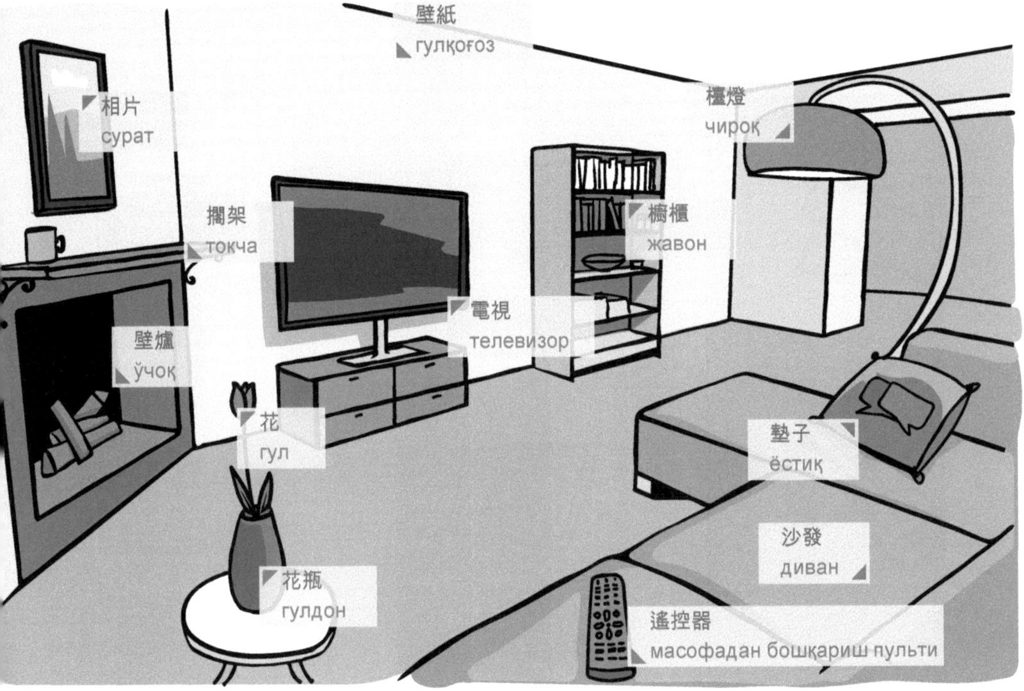

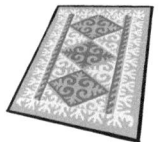

地毯

гилам

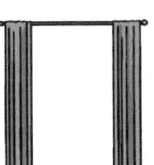

窗簾

парда

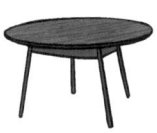

餐桌

стол

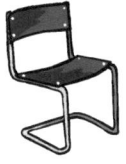

椅子

стул

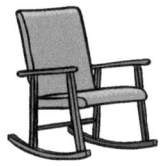

搖椅

тебранма курси

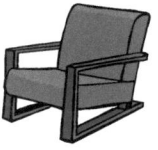

扶手椅

кресло

書
китоб

毯子
кўрпа

裝飾品
ҳашам

木柴
ўтин

電影
кино

高傳真音響
стерео қурилма

鑰匙
калит

報紙
рўзнома

油畫
расм

海報
плакат

收音機
радио

筆記本
ён дафтар

吸塵器
чанг ютгич

仙人掌
кактус

蠟燭
шам

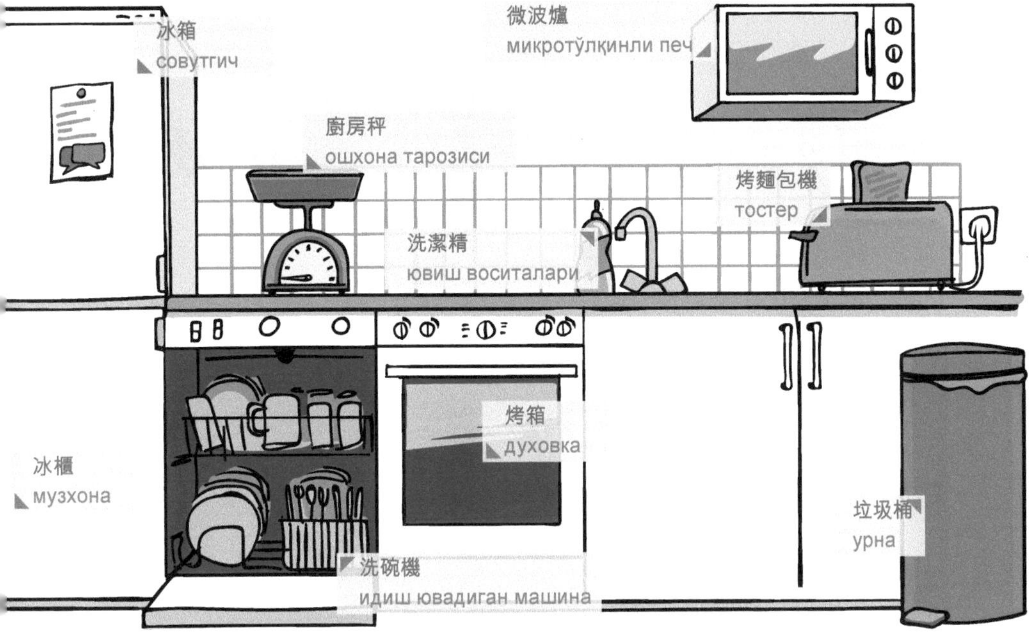

冰箱
▶ совутгич

微波爐
мікротўлқинли печ

廚房秤
▶ ошхона тарозиси

烤麵包機
тостер

洗潔精
ювиш воситалари

冰櫃
▶ музхона

烤箱
▶ духовка

垃圾桶
урна

洗碗機
идиш ювадиган машина

炊具

плита

鍋

кастрюль

鑄鐵鍋

чўян қозон

炒鍋

бўртма тубли това

平底鍋

това

水壺

човгун

蒸鍋

мантиқасқон

烤盤

тунука това

陶瓷鍋

идиш

馬克杯

кружка

碗

коса

筷子

таом ейиш таёқчалари

長柄勺

чўмич

鏟子

куракча

攪拌器

кўпиртиргич

濾網

элак

篩子

элак

磨碎機

қирғич

研缽

ҳовонча

燒烤

гриль

明火

олов

菜板

оштахта

擀麵杖

жува

開瓶器

пармасимон тиқин очгич

罐子

консерва

開罐器

консерва очгич

隔熱手套

тутгич

水槽

унитаз

刷子

идиш чўтка

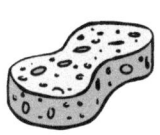

海綿

қозонсочиқ

攪拌機

қориштиргич

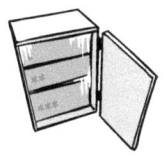

冷藏箱

музлатгич

奶瓶

сўрғичли чақалоқ
бутилкаси

水龍頭

кран

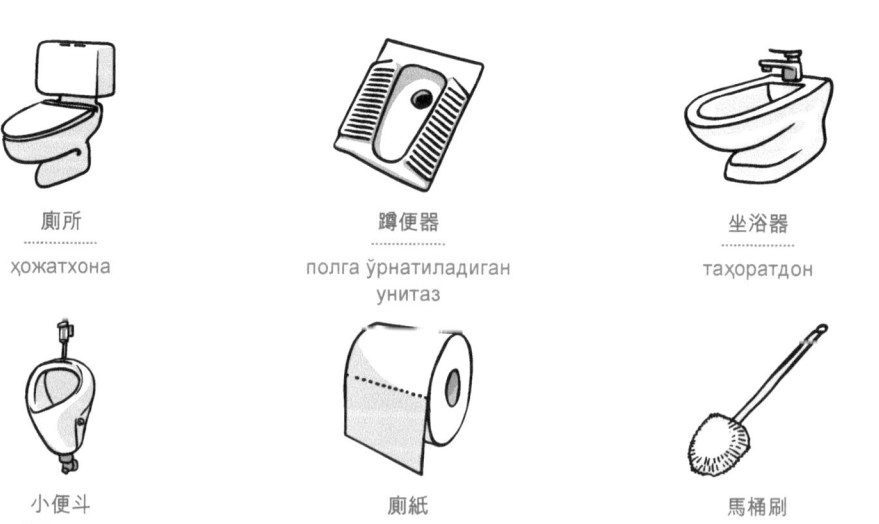

浴室

ваннахона

淋浴
душ
供暖裝置
иситиш тизими
毛巾
сочиқ
浴簾
дарпарда
泡沫浴
кўпикли ванна
浴缸
ванна
玻璃杯
стакан
洗衣機
кир ювиш машинаси
水龍頭
кран
瓷磚
кафель
便壺
тувак
水槽
унитаз

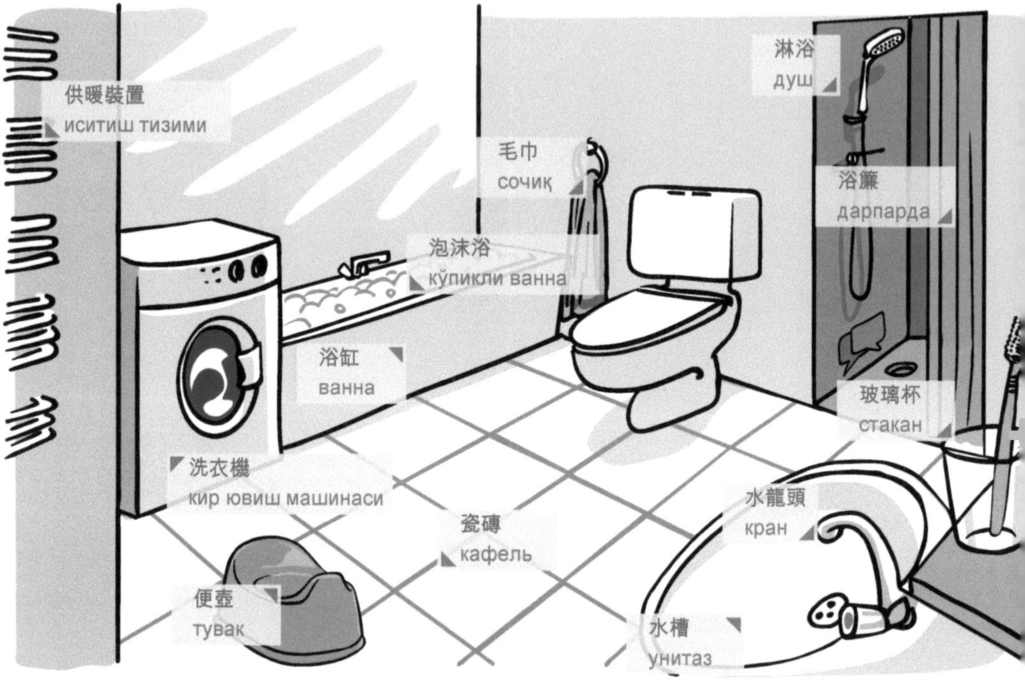

廁所

ҳожатхона

蹲便器

полга ўрнатиладиган унитаз

坐浴器

таҳоратдон

小便斗

сийдик унитази

廁紙

ҳожатхона қоғози

馬桶刷

ҳожатхона чўткаси

牙刷

тиш чӯтка

牙膏

тиш пастаси

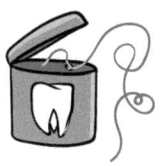

牙線

тиш тозалагич ип

洗

ювмоқ

手持式蓮蓬頭

дастакли душ

沖洗器

таҳорат учун душ

洗臉盆

тоғора

洗背刷

елка қашлайдиган чӯтка

肥皂

совун

沐浴露

душ учун гель

洗髮乳

шампунь

法蘭絨

мочалка

排水

қувур

乳霜

крем

除臭劑

дезодарант

鏡子

кўзгу

手鏡

кўл кўзгуси

刮鬍刀

устара

刮鬍泡沫

устара учун кўпик

鬚後水

салқинлантирувчи бальзам

梳子

тароқ

刷子

чўтка

吹風機

фен

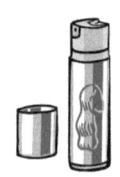

噴髮定型劑

соч учун лак

化妝品

пардоз-андоз

唇膏

лаб учун помада

指甲油

тирноқ лаки

化妝棉

пахта

指甲剪

тирноқ қайчиси

香水

духи

洗漱包

пардоз-андоз халтаси

凳子

курси

計重秤

тарози

浴袍

чўмилиш халати

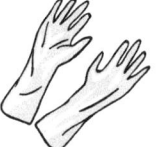

橡膠手套

резина қўлқоп

衛生棉條

тампон

衛生棉

гигиеник таглик

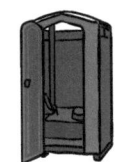

化學廁所

биоҳожатхона

兒童房
болалар хонаси

鬧鐘
бонг соат
毛絨玩具
юмшоқ ўйинчоқ
玩具車
ўйинчоқ машина
撥浪鼓
шақилдоқ
玩具屋
қўғирчоқ уй
禮物
совға

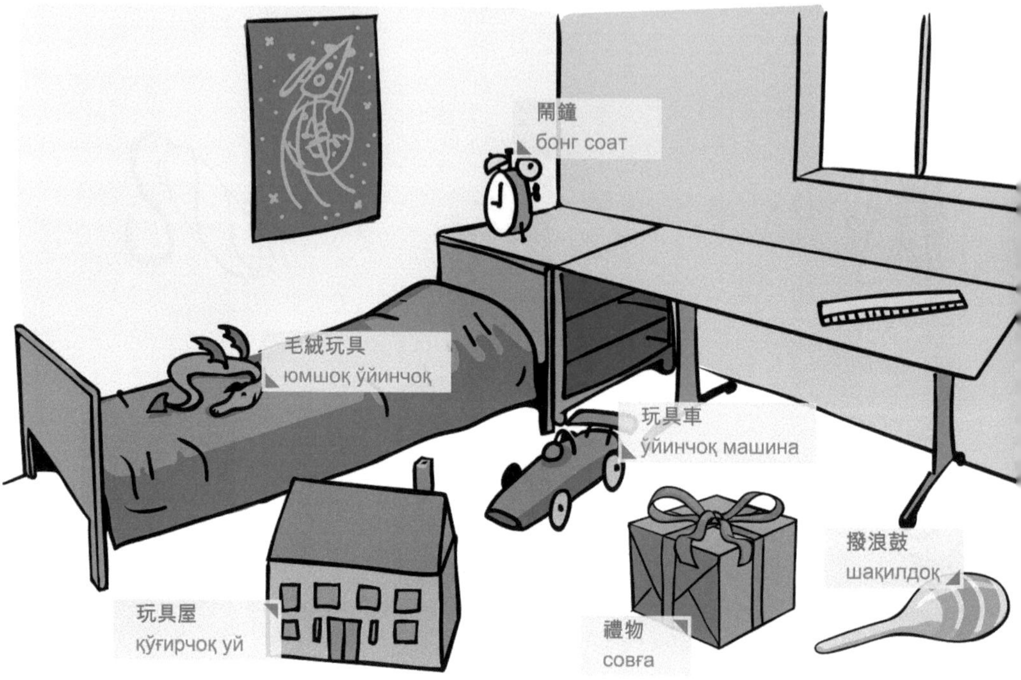

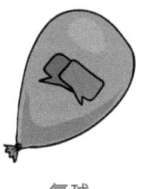

氣球

шар

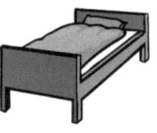

床

кроват

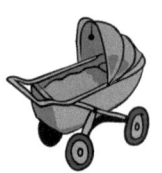

嬰兒車

болалар аравачаси

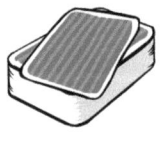

撲克牌

карта тўплами

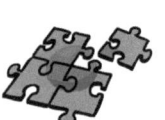

拼圖

терма тасвир

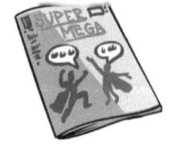

漫畫

кулгили саҳна асари

樂高積木

лего ғиштлари

積木玩具

ўйинчоқ кубиклар

公仔

ўйинчоқ қаҳрамон

嬰兒服

ползунка

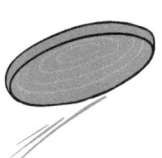

飛盤

учар ликопча

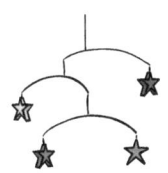

床鈴玩具

осма шақилдоқ

棋盤遊戲

стол ўйини

骰子

ошиқ

火車模型

поезд макети

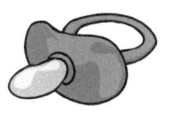

安撫奶嘴

сўрғич

派對

ўтириш

繪本

расмли китоб

球

копток

洋娃娃

қўғирчоқ

玩

ўйнамоқ

沙坑

қумдон

鞦韆

арғимчоқ

玩具

ўйинчоқлар

電玩遊戲

ўйин приставкаси

三輪車

уч ғилдиракли велосипед

泰迪熊

бахмал айиқ

衣櫃

кийим шкафи

衣服

КИЙИМ

襪子

пайпоқ

長襪

чулки

緊身褲

колготка

圍巾
шарф

雨傘
соябон

T恤
футболка

皮帶
камар

靴子
ботинка

拖鞋
тапочка

運動鞋
кроссовка

涼鞋	鞋	雨靴
шиппак	туфли	резина этик

內褲	胸罩	背心
тор турсик	кўкракпеч	майка

衣服 - кийим

身體
боди

褲子
иштон

牛仔褲
жинси

短裙
юбка

女式襯衫
кофта

襯衫
кўйлак

套頭衫
жемпер

連帽上衣
узун чакмон

西裝夾克
спорт бичимидаги пиджак

夾克
куртка

外套
пальто

雨衣
плаш

套裝
либос

連衣裙
кўйлак

婚紗
келин кўйлак

西裝

костюм шим

睡袍

тунги кўйлак

睡衣

пижама

莎麗

сари

頭巾

шолрўмол

包頭巾

салла

波卡

паранжи

卡夫坦

чакмон

(阿拉伯式)長袍

абая

泳衣

чўмилиш костюми

男式泳褲

турсик

短褲

шортик

運動服

спорт костюми

圍裙

фартук

手套

кўлқоп

鈕扣

тугма

眼鏡

кӯзойнак

手鏈

билагузук

項鍊

мунчоқ

戒指

узук

耳環

сирға

便帽

кепка

衣架

пальто илгак

帽子

шляпа

領帶

бӯйинбоғ

拉鍊

замок

安全帽

дубулға

背帶

шим тортгич

校服

мактаб формаси

制服

форма

圍兜

ошхӯрак

安撫奶嘴

сӯрғич

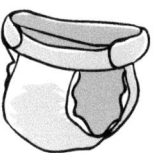

尿布

таглик

辦公室

идора

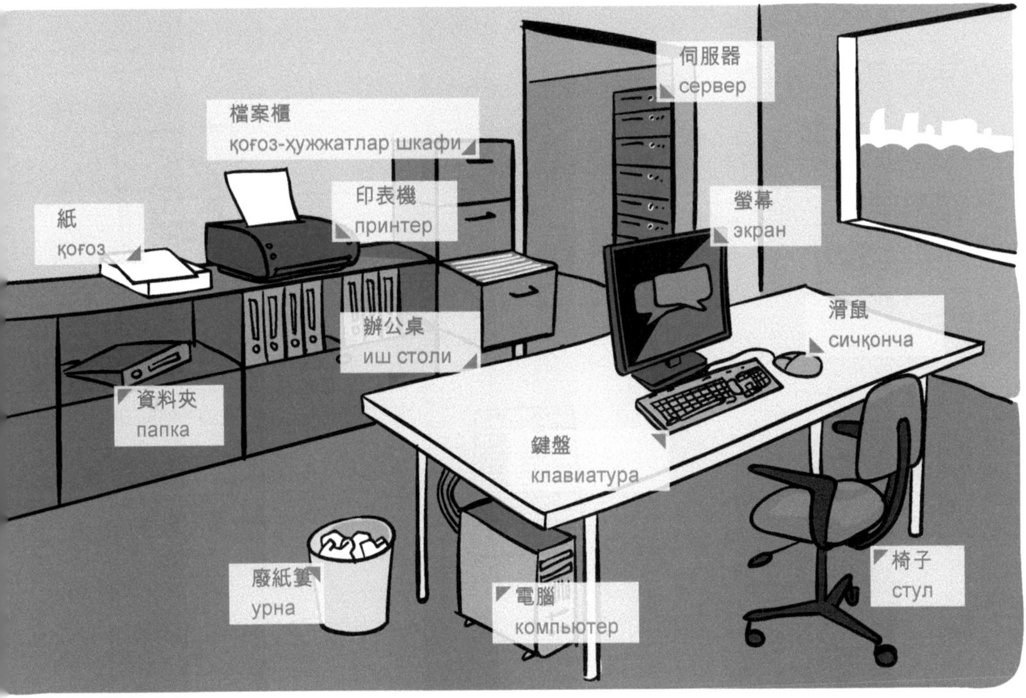

檔案櫃
қоғоз-ҳужжатлар шкафи

伺服器
сервер

印表機
принтер

紙
қоғоз

螢幕
экран

辦公桌
иш столи

滑鼠
сичқонча

資料夾
папка

鍵盤
клавиатура

廢紙簍
урна

椅子
стул

電腦
компьютер

咖啡杯

кофе кружкаси

計算機

калькулятор

網際網路

интернет

筆記型電腦

ноутбук

信件

хат

簡訊

мактуб

行動電話

уяли телефон

網路

тармоқ

影印機

нусха кўчиргич

軟體

дастур

電話

телефон

插座

розетка

傳真機

факс

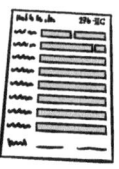

表格

шакллар

檔案

хужжат

買

харид қилмоқ

付錢

тўламоқ

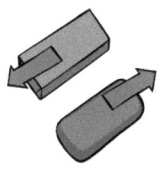

交易

савдолашмоқ

現金

пул

美元

доллар

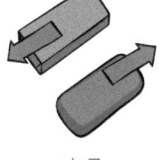

歐元

евро

日元

йен

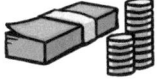

盧布

рубль

瑞士法郎

швейцар франки

人民幣

Жэньминьби хитой юани

盧比

рупи

提款處

банкомат

外幣兌換處

пул айирбошлаш
шаҳобчаси

金

олтин

銀

кумуш

石油

нефт

能源

энергия

價格

нарх

合約

шартнома

稅金

солиқ

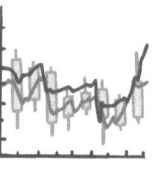

股票

акция

工作

ишламоқ

職員

ишчи

老闆

иш берувчи

工廠

завод

商店

дўкон

職業

касблар

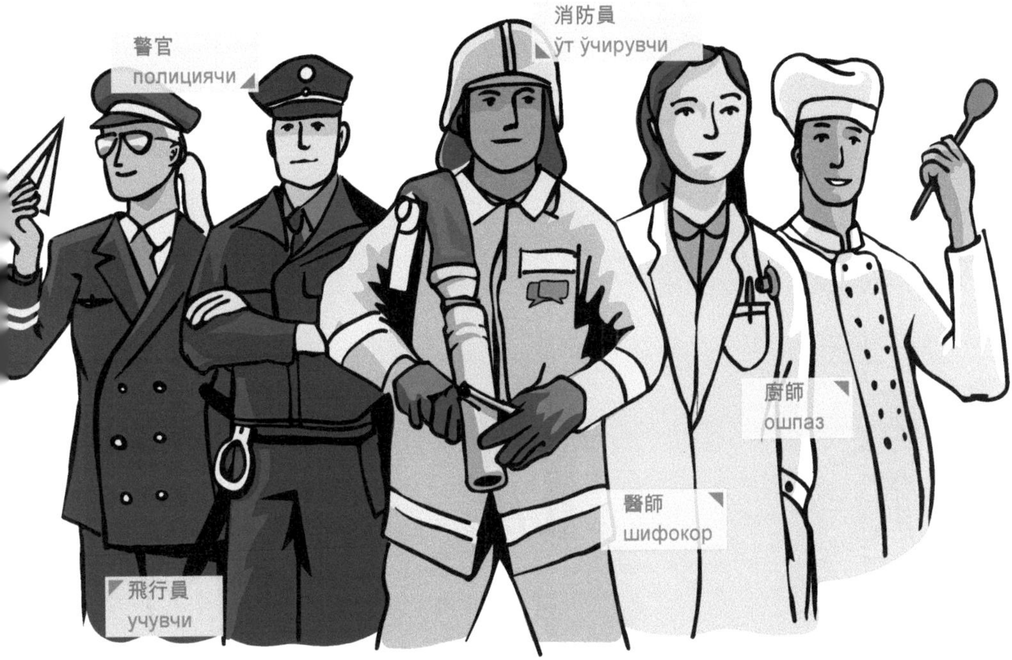
消防員
ўт ўчирувчи
警官
полициячи
廚師
ошпаз
醫師
шифокор
飛行員
учувчи

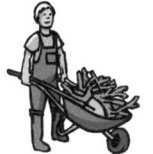

園丁

боғбон

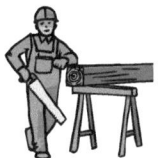

木匠

дурадгор

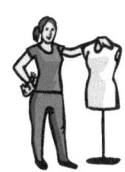

裁縫

тикувчи

法官

ҳакам

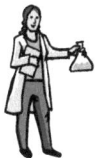

化學家

кимёгар

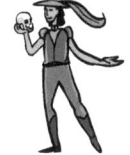

演員

актёр

公車司機

автобус ҳайдовчиси

計程車司機

такси ҳайдовчи

漁夫

балиқчи

清洗女工

фаррош

屋頂工

том устаси

服務生

официант

獵人

овчи

畫家

бўёқчи

麵包師

нонвой

電工

электр устаси

建築工人

қурувчи

工程師

муҳандис

屠夫

қассоб

水管工

сувчи чилангар

郵差

почтачи

士兵

аскар

建築師

меъмор

收銀員

ғазначи

花農

гулчи

理髪師

сарторош

售票員

чиптачи

機械技師

механик

船長

капитан

牙醫

тиш шифокори

科學家

олим

拉比

яхудийлар руҳонийси

伊瑪目

имом

和尚

роҳиб

牧師

руҳоний

工具
асбоблар

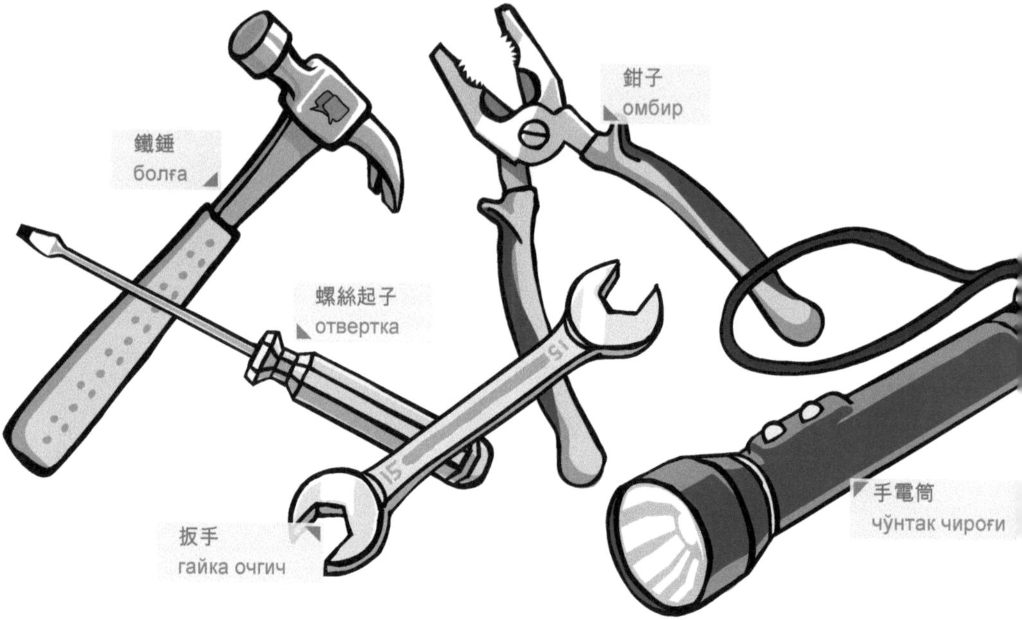
鐵錘
болға
鉗子
омбир
螺絲起子
отвертка
扳手
гайка очгич
手電筒
чўнтак чироғи

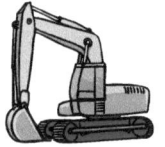

挖掘機

экскаватор

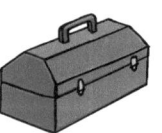

工具箱

асбоблар қутиси

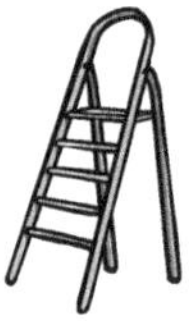

梯子

нарвон

鋸子

қўларра

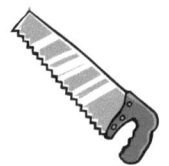

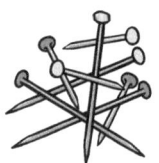

釘子

мих

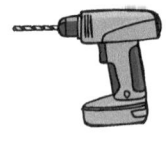

鑽機

пармадаста

修

тузатмоқ

鏟子

белкурак

糟糕！

Жин урсин!

畚箕

хокандоз

油漆桶

бўёқ идиш

螺絲

бурама мих

樂器

мусиқа асбоблари

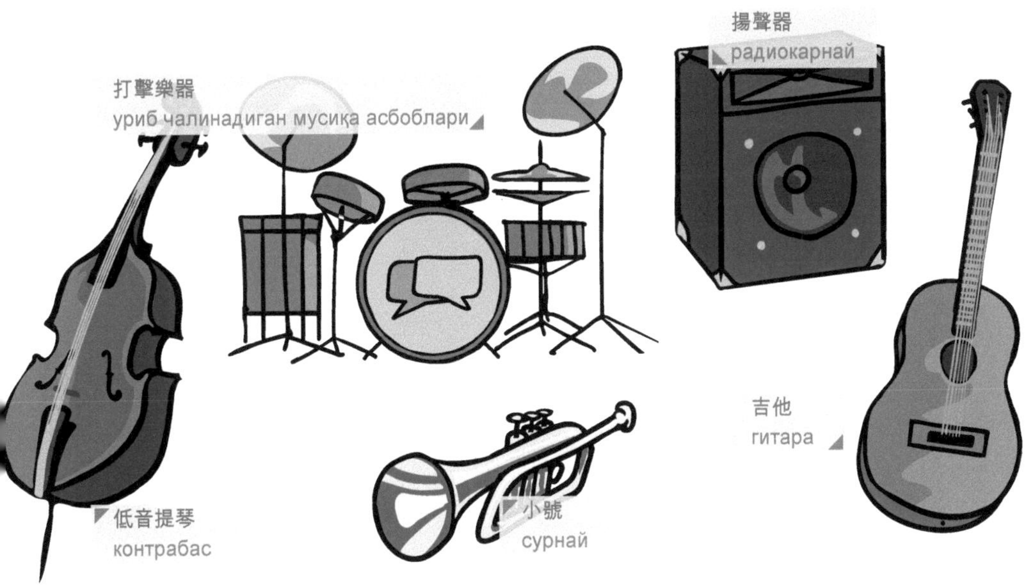

打擊樂器
уриб чалинадиган мусиқа асбоблари

揚聲器
радиокарнай

吉他
гитара

低音提琴
контрабас

小號
сурнай

鋼琴

пианино

小提琴

ғижжак

貝斯

бас-гитара

定音鼓

қўшноғора

鼓

дўмбира

電子琴

клавиатура

薩克斯風

саксофон

長笛

най

麥克風

микрофон

動物園

ҳайвонот боғи

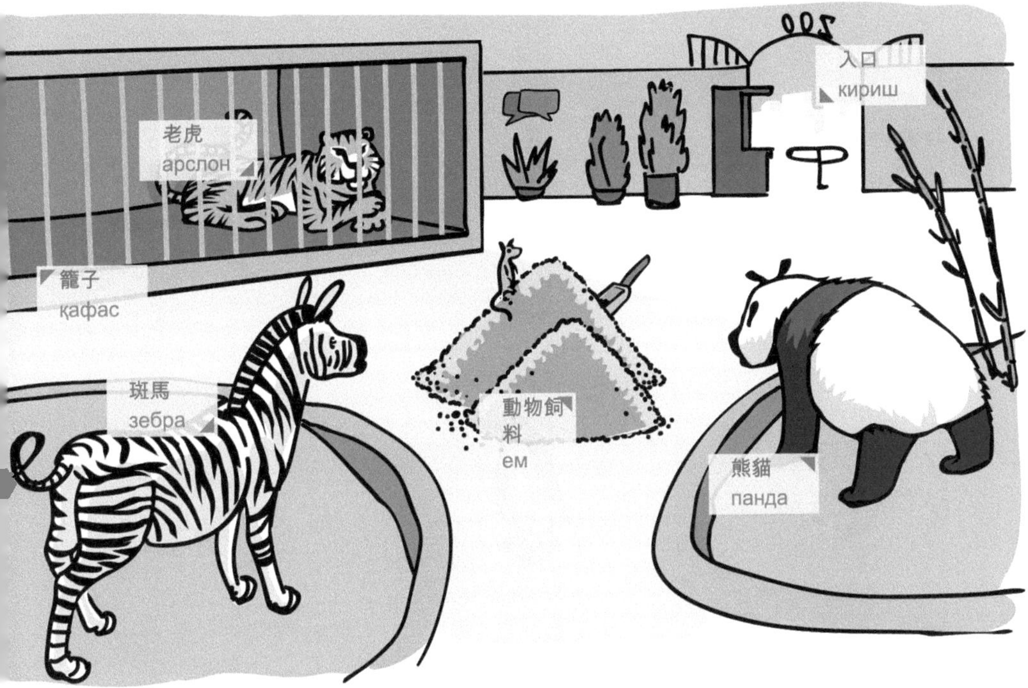

入口
кириш
老虎
арслон
籠子
қафас
斑馬
зебра
動物飼料
ем
熊貓
панда

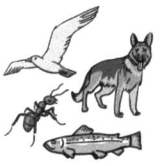

動物

ҳайвонлар

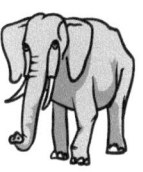

大象

фил

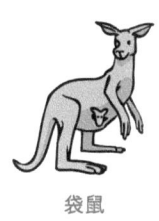

袋鼠

кенгуру

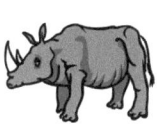

犀牛

каркидон

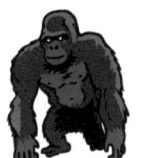

大猩猩

горилла

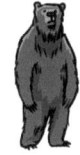

熊

айиқ

駱駝

туя

鴕鳥

туякуш

獅子

шер

猴子

маймун

紅鶴

фламинго

鸚鵡

тӯти

北極熊

оқ айиқ

企鵝

пингвин

鯊魚

акула

孔雀

товус

蛇

илон

鱷魚

тимсоҳ

動物園管理員

ҳайвонот боғи қоровули

海豹

тюлень

美洲豹

ягуар

矮種馬

тўпичоқ от

豹

қоплон

河馬

бегемот

長頸鹿

жирафа

老鷹

бургут

野豬

эркак чўчқа

魚

балиқ

龜

тошбақа

海象

морж

狐狸

тулки

羚羊

оху

橄欖球
америка футболи

騎腳踏車
велосипед ҳайдаш

網球
теннис

籃球
баскетбол

游泳
сузиш

拳擊
бокс

冰球
муз хоккейи

美式足球

футбол

羽毛球

бадминтон

田徑

енгил атлетика

手球

кўлтўпи

滑雪

чанғи учиш

馬球

поло

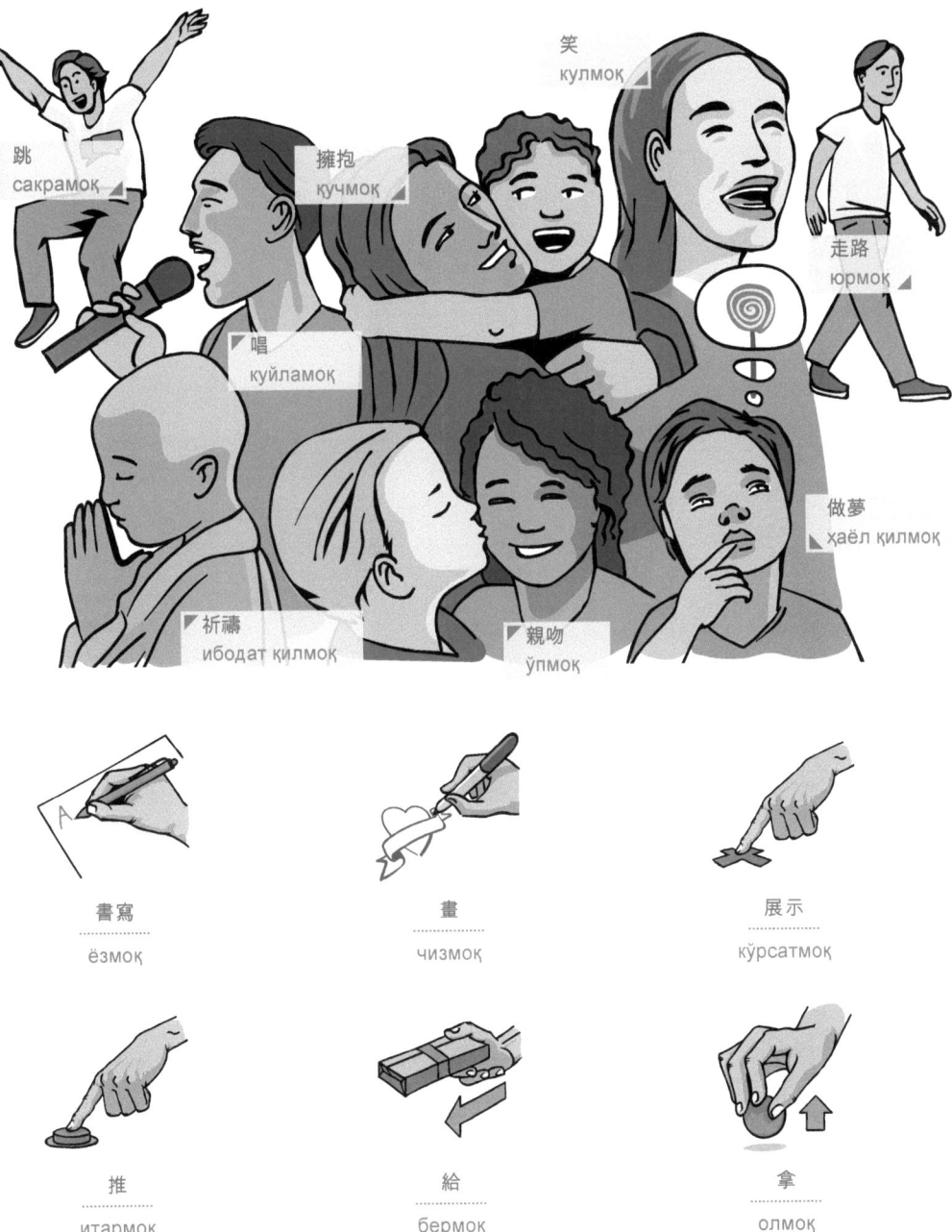

跳 сакрамоқ

擁抱 қучмоқ

笑 кулмоқ

走路 юрмоқ

唱 куйламоқ

做夢 ҳаёл қилмоқ

祈禱 ибодат қилмоқ

親吻 ўпмоқ

書寫 ёзмоқ

畫 чизмоқ

展示 кўрсатмоқ

推 итармоқ

給 бермоқ

拿 олмоқ

有

эга бўлмоқ

做

бажармоқ

當

бўлмоқ

站

турмоқ

跑

югурмоқ

拉

тортмоқ

丟

улоқтирмоқ

摔倒

йиқилмоқ

躺

алдамоқ

等待

кутмоқ

攜帶

ташимоқ

坐

ўтирмоқ

穿衣

кийинмоқ

睡覺

ухламоқ

醒來

уйғонмоқ

看
....
қарамоқ

哭
....
йиғламоқ

擊
....
зарба бермоқ

梳頭
....
тарамоқ

交談
....
гаплашмоқ

明白
....
тушунмоқ

問
....
сўрамоқ

聽
....
тингламоқ

喝
....
ичмоқ

吃
....
емоқ

清理
....
йиғиштирмоқ

愛
....
севмоқ

做飯
....
пиширмоқ

開車
....
ҳайдамоқ

飛
....
учмоқ

活動 - машғулот

航行

кемада сузмоқ

計算

ҳисобламоқ

讀

ўқимоқ

學習

ўрганмоқ

工作

ишламоқ

結婚

турмуш қурмоқ

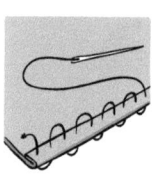

縫

тикмоқ

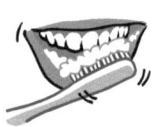

刷牙

тиш ювмоқ

殺

ўлдирмоқ

抽菸

чекмоқ

寄

йўлламоқ

оила

祖母
буви

嬰兒
чақалоқ

祖父
бува

母親
она

父親
ота

女兒
қиз

兒子
ўғил

客人

меҳмон

阿姨

амма

叔叔

тоға

兄弟

ака

姐妹

опа

身體

тана

前額
пешона
眼睛
кўз
肩膀
елка
手指
бармоқ
臉
юз
下巴
ияк
手
қўл панжалари
腿
оёқ
乳房
кўкрак
手臂
қўл

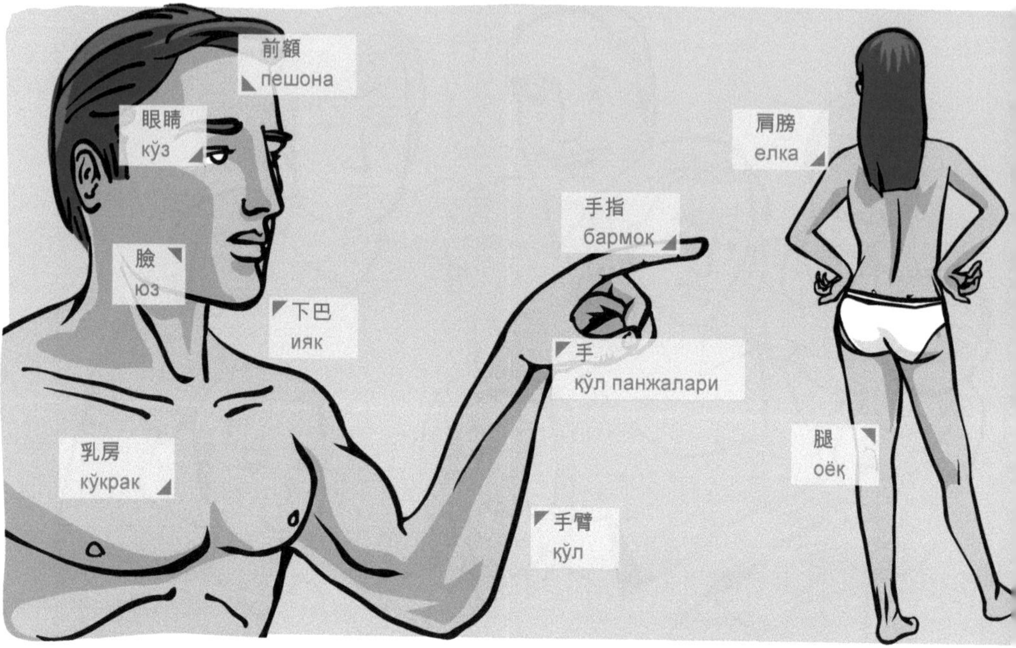

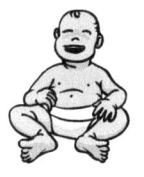

嬰兒

чақалоқ

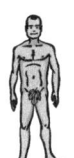

男人

одам

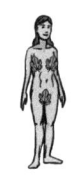

女人

аёл

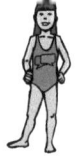

女孩

қиз бола

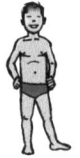

男孩

ўғил бола

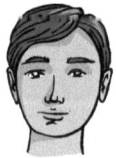

頭

бош

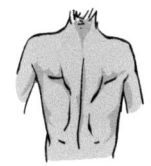

背部

орқа

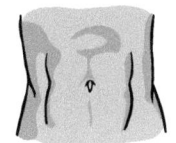

肚子

қорин

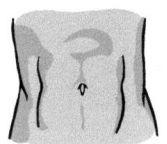

肚臍

киндик

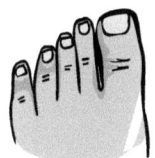

腳趾

оёқ панжаси

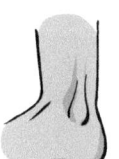

腳後跟

товон

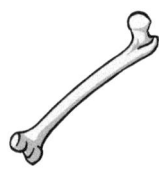

骨頭

суяк

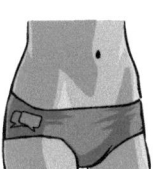

臀部

бел

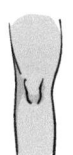

膝蓋

тизза

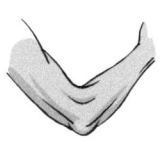

手肘

тирсак

鼻子

бурун

屁股

думба

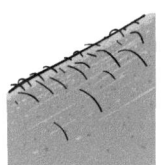

皮膚

тери

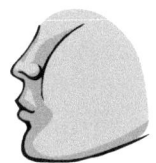

臉頰

яноқ

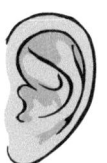

耳朵

қулоқ

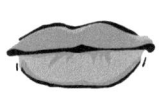

嘴唇

лаб

嘴

оғиз

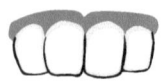

牙齒

тиш

舌頭

тил

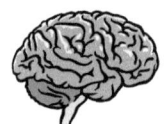

腦

мия

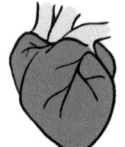

心臟

юрак

肌肉

мушак

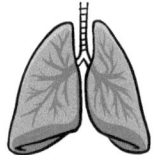

肺

ўпка

肝臟

жигар

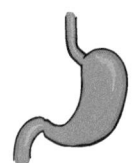

胃

ошқозон

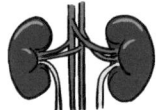

腎臟

буйрак

性交

жинсий алоқа

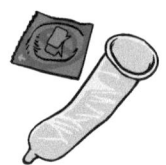

保險套

презерватив

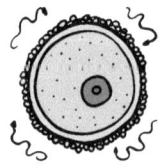

卵子

тухум хўжайра

精子

уруғ

懷孕

ҳомиладорлик

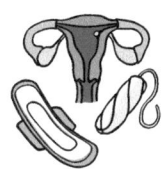

月事

ҳайз

陰道

бачадон

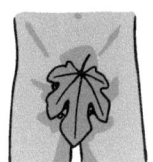

陰莖

олат

眉毛

қош

頭髮

соч

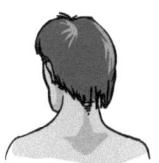

脖子

бўйин

醫院

шифохона

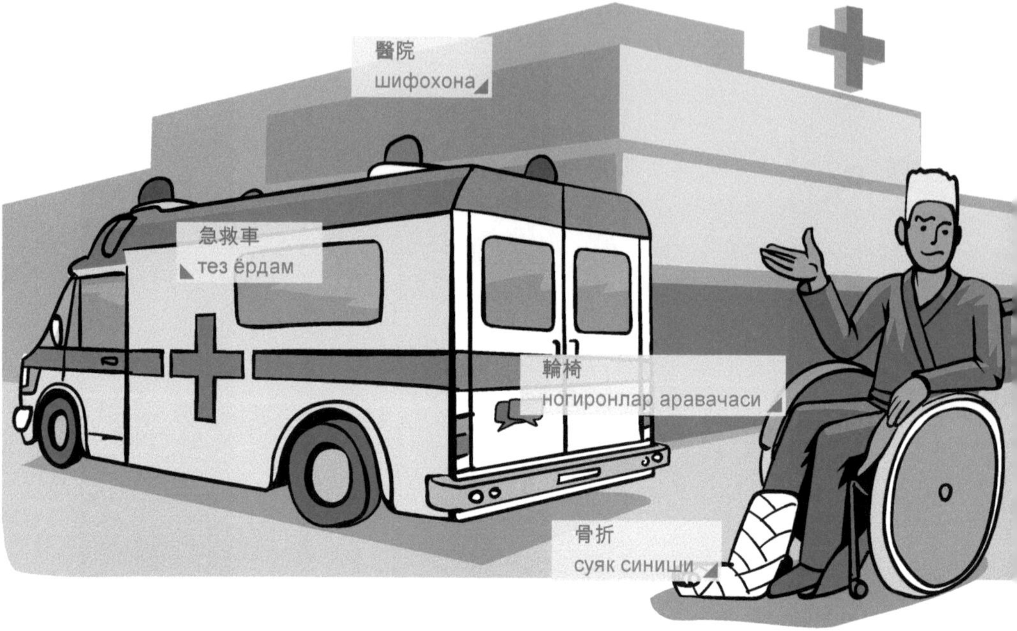

醫院
шифохона
急救車
тез ёрдам
輪椅
ногиронлар аравачаси
骨折
суяк синиши

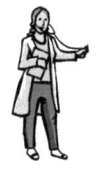

醫師

шифокор

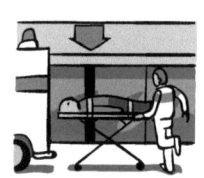

急診室

Шошилинч тиббий ёрдам кўрсатиш бўлими

護理師

ҳамшира

緊急情形

тез ёрдам

昏迷

ҳушсизлик

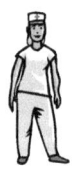

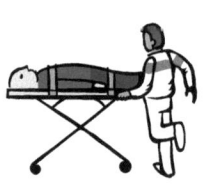

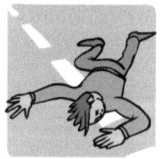

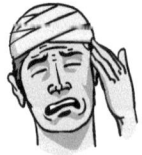

痛

оғриқ

受傷

жароҳат

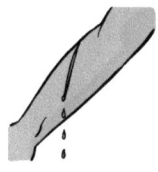

出血

қонаш

心臟病發作

юрак хуружи

中風

инсульт

過敏

аллергия

咳嗽

йўтал

發燒

иситма

流感

тумов

腹瀉

ич кетиш

頭痛

бош оғриғи

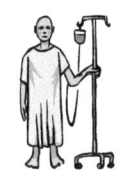

癌症

саратон касали

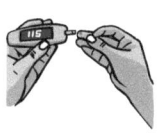

糖尿病

қандли диабет

外科醫師

жарроҳ

手術刀

жарроҳ пичоғи

手術

жарроҳлик амалиёти

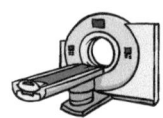

電腦斷層掃描
томография

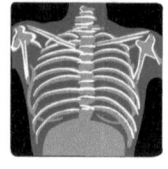

X光
рентген

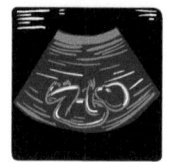

超音波
ултратовуш текшируви

口罩
юз ниқоби

疾病
касаллик

候診室
қабулхона

拐杖
қўлтиқтаёқ

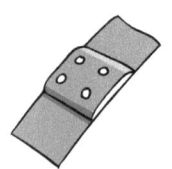

石膏
малҳамли пластир

繃帶
бинт

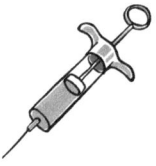

注射
укол

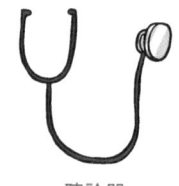

聽診器
юрак урушини ва ўпкани
эшитиб кўрадиган асбоб

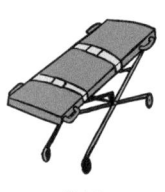

擔架
беморлар учун замбил

體溫計
термометр

出生
туғруқ

超重
семизлик

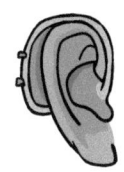

助聽器

эшитиш мосламаси

消毒液

дезинфекцияловчи восита

感染

инфекция

病毒

вирус

愛滋病

ОИВ / ОИТС

藥物

дори

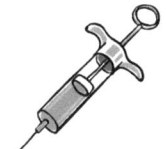

接種疫苗

эмлаш

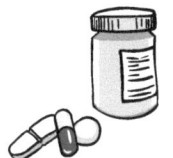

藥片

таблетка

藥丸

дори

急救電話

тез ёрдам қўнғироғи

血壓計

қон босимини ўлчаш асбоби

生病/健康

касал / соғлом

救命！

Ёрдам беринглар!

警報

хавф-хатар ишораси

突撃

тажовуз

攻撃

хужум

危險

хавф

緊急出口

фавқулодда ҳолатларда чиқиш эшиги

失火了！

Ёнғин!

滅火器

ўт ўчиргич

意外

фалокат

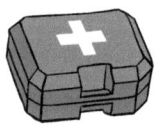

急救箱

биринчи тиббий ёрдам тўплами

呼救訊號

фалокат сигнали

員警

полиция

歐洲

Европа

北美洲

Шимолий Америка

南美洲

Жанубий Америка

非洲

Африка

亞洲

Осиё

澳洲

Австралия

大西洋

Атлантик океани

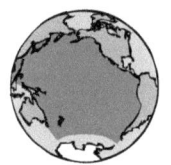

太平洋

Тинч океани

印度洋

Ҳинд океани

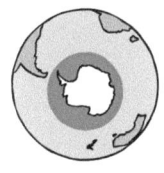

南冰洋

Антарктида океани

北冰洋

Арктика океани

北極

Шимолий қутб

南極

Жанубий кутб

南極洲

Антарктика

地球

Ер

陸地

ўлка

海

денгиз

島

орол

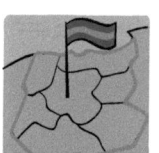

國家

миллат

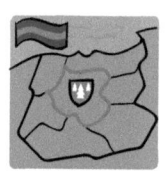

州

давлат

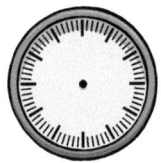

錶盤

астрономик вақт
кўрсатгичи

時針

соат мили

分針

дақиқа мили

秒針

сония мили

現在幾點？

Соат неча?

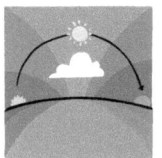

天

кун

時間

вақт

現在

ҳозир

電子錶

рақамли соат

分

дақиқа

時

соат

週

хафта

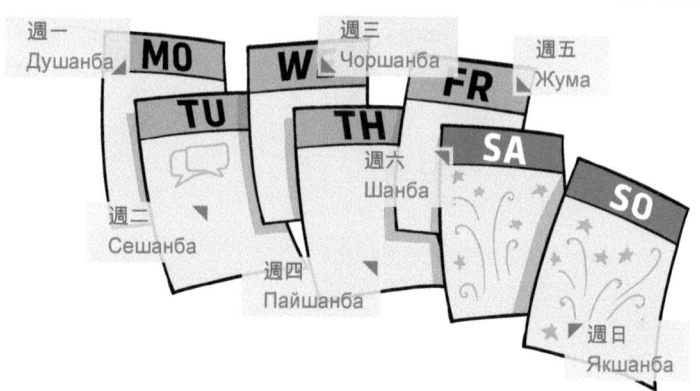

週一 Душанба
週二 Сешанба
週三 Чоршанба
週四 Пайшанба
週五 Жума
週六 Шанба
週日 Якшанба

昨天

кеча

今天

бугун

明天

эртага

早晨

эрталаб

中午

пешин

晚上

кечкурун

工作日

иш кунлари

週末

дам олиш кунлари

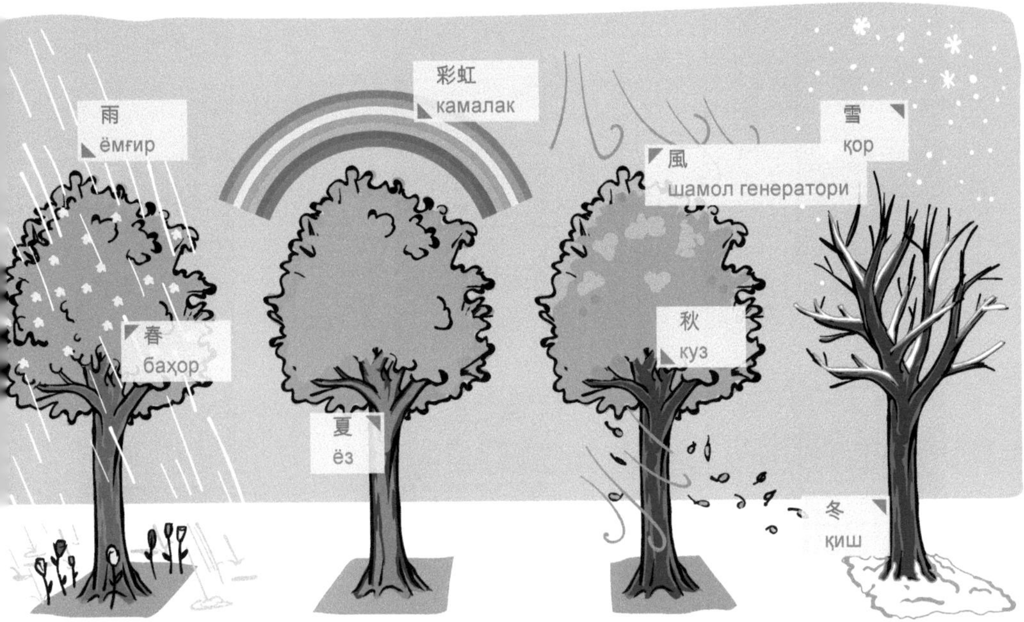

雨
ёмғир
彩虹
камалак
雪
қор
風
шамол генератори
春
баҳор
秋
куз
夏
ёз
冬
қиш

4.APRIL 11°
5.APRIL 4°
6.APRIL 13°
7.APRIL 8°
8.APRIL 10°

天氣預告

об-ҳаво маълумоти

F C
120 40
90 30
60 20
30 10
0 0
-30 -10
-20

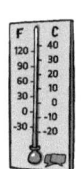

溫度計

термометр

陽光

қуёшли

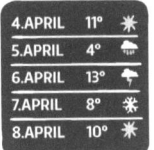

雲

булут

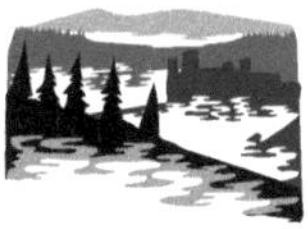

霧

туман

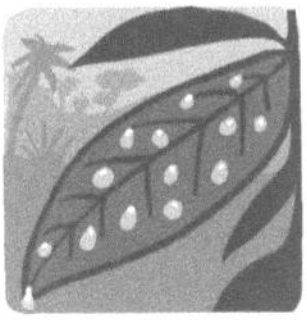

潮濕

намгарчилик

閃電

чақмоқ

打雷

момоқалдироқ

風暴

бўрон

冰雹

дўл

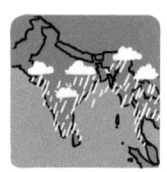

季風

намгарчилик мавсуми

洪水

тошқин

冰

муз

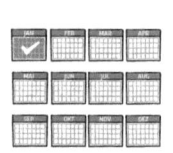

一月

Январь

二月

Февраль

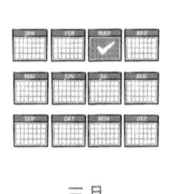

三月

Март

四月

Апрель

五月

Май

六月

Июнь

七月

Июль

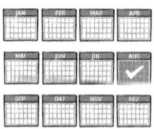

八月

Август

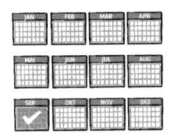

九月

Сентябрь

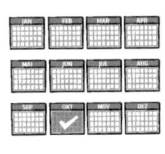

十月

Октябрь

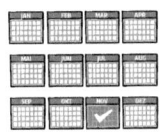

十一月

Ноябрь

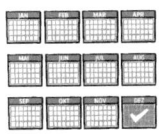

十二月

Декабрь

形狀

шакллар

圓形

айлана

正方形

квадрат

長方形

тўртбурчак

三角形

учбурчак

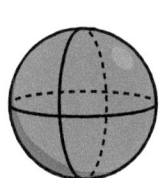

球體

доира

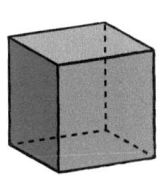

立方體

куб

白
оқ

黄
сариқ

橙
сабзи ранг

粉
пушти

紅
қизил

紫
тўқ қизил

藍
кўк

綠
яшил

棕
жигар ранг

灰
кул ранг

黑
қора

很多/少許

кўп / оз

生氣/平靜

ғазабли / хотиржам

美/醜

гўзал / хунук

首/尾

боши / охири

大/小

катта / кичик

明/暗

ёруғ / қоронғу

兄弟/姐妹

ака / сингил

乾淨/骯髒

тоза / ифлос

完整/缺失

тўлиқ / чала

白天/晚上

кун / тун

死/生

ўлик / тирик

寬/窄

кенг / тор

可食用/非食用

еса бўладиган / еса
бўлмайдиган

邪惡/善良

ёвуз / хайрли

興奮/無聊

ҳаяжонли / зерикарли

胖/瘦

семиз / озғин

第一/最後

биринчи / охирги

朋友/敵人

дўст / душман

滿/空

тўла / бўш

硬/軟

қаттиқ / юмшоқ

重/輕

оғир / енгил

餓/渴

очлик / чанқов

生病/健康

касал / соғлом

非法/合法

ноқонуний / қонуний

聰明/愚笨

зиёли / калтафаҳм

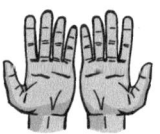

左/右

чап / ўнг

近/遠

яқин / узоқ

新/舊

янги / ишлатилган

沒有/有些

ҳеч нарса / бир нарса

老/幼

қари / ёш

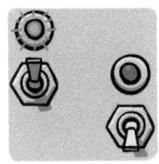

開/關

ёниқ / ўчиқ

打開/闔上

очиқ / ёпиқ

安靜/吵鬧

паст / баланд

富/窮

бой / камбағал

對/錯

тўғри / нотўғри

粗糙/光滑

нотекис / текис

傷心/高興

хафа / хурсанд

短/長

қисқа / узун

慢/快

секин / тез

濕/乾

нам / қуруқ

溫暖/涼爽

илиқ / салқин

戰爭/和平

уруш / тинчлик

0

零
ноль

1

一
бир

2

二
икки

3

三
уч

4

四
тўрт

5

五
беш

6

六
олти

7

七
етти

8

八
саккиз

9

九
тўққиз

10

十
ўн

11

十一
ўн бир

12
十二
ŭн икки

13
十三
ŭн уч

14
十四
ŭн тŭрт

15
十五
ŭн беш

16
十六
ŭн олти

17
十七
ŭн етти

18
十八
ŭн саккиз

19
十九
ŭн тŭққиз

20
二十
йигирма

100
百
юз

1.000
千
минг

1.000.000
百萬
миллион

語言

英語
Инглиз

美式英語
Америкача инглиз тили

普通話
Хитой тилининг Мандарин лаҳчаси

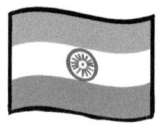

印地語
Ҳинд

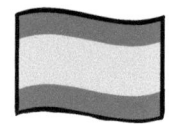

西班牙語
Испан

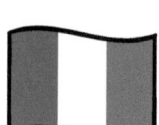

法語
Француз

阿拉伯語
Араб

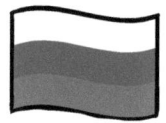

俄語
Рус

葡萄牙語
Португал

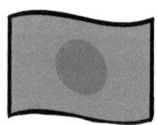

孟加拉語
Бенгал

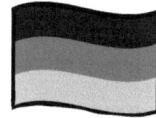

德語
Немис

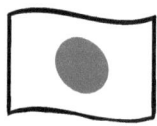

日語
Япон

我

Мен

你

Сен

他/她/它

у / у / у

我們

биз

你們

сизлар

他們

улар

誰？

ким?

什麼？

нима?

如何？

қандай?

何處？

қаерда?

何時？

қачон?

名字

исм

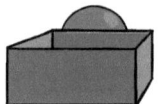

後面

орқада

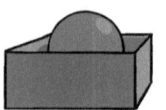

裡面

ичида

前面

олдида

上方

узра

上面

устида

下麵

тагида

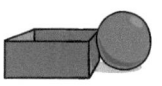

旁邊

ёнида

中間

ўртасида

地點

жой